COLLECTION

DE

M. le Comte R. d'YANVILLE

(PREMIÈRE VENTE)

Faïences & Porcelaines

ANCIENNES

FRANÇAISES & ÉTRANGÈRES

Février 1907

Faïences & Porcelaines

ANCIENNES

FRANÇAISES ET ÉTRANGÈRES

CONDITIONS DE LA VENTE

Elle sera faite au comptant.

Les acquéreurs paieront *dix pour cent* en sus des enchères.

L'Exposition permettant au public de se rendre compte de l'état et de la nature des objets mis en vente, aucune réclamation ne sera admise une fois l'adjudication prononcée.

Paris. -- Imp. Georges Petit, 12, rue Godot-de-Mauroi. -- 17405-07.

CATALOGUE

DES

Faïences & Porcelaines

ANCIENNES

FRANÇAISES & ÉTRANGÈRES

Suite importante et intéressante de Porcelaines tendres Françaises et Étrangères de :

BOURG-LA-REINE, CHANTILLY, MENNECY
ORLÉANS, ROUEN, SAINT-CLOUD, SCEAUX, SÈVRES
VINCENNES, BUEN-RETIRO, CAPO-DI-MONTE, CHELSEA, DERBY
LA HAYE, TOURNAI, VENISE, WORCESTER

Porcelaines de Chine, Frankenthal, Louisbourg, Nymphenbourg, Saxe

BOITES & FLACON EN PORCELAINE TENDRE

Composant la

Collection de M. le Comte R. d'YANVILLE

ET DONT LA VENTE AURA LIEU A PARIS

HOTEL DROUOT, SALLE N° 11

Les Mercredi 20, Jeudi 21 et Vendredi 22 Février 1907
à 2 heures

COMMISSAIRES-PRISEURS

Me PAUL CHEVALLIER
10, rue Grange-Batelière, 10

Me LÉON BIVORT
96, rue de la Victoire, 96

EXPERT

M. CAILLOT, 52, rue de la Victoire

EXPOSITIONS

PARTICULIÈRE : *Le Lundi 18 Février 1907, de 1 h. 1/2 à 5 h. 1/2*
PUBLIQUE : *Le Mardi 19 Février 1907, de 1 h. 1/2 à 5 h. 1/2*

ORDRE DES VACATIONS

1re Vacation : le Mercredi 20 Février 1907

Faïences françaises. . . . . N°s	1 à 102
Faïences étrangères.	103 à 120

2e Vacation : le Jeudi 21 Février

Porcelaines de Bourg-la-Reine. . . . . . N°s	121 à 125
Porcelaines de Chantilly.	126 à 173
Porcelaines de Mennecy.	174 à 217
Porcelaines d'Orléans.	218 et 219
Porcelaines de Rouen.	220

3e Vacation : le Vendredi 22 Février

Porcelaines de Saint-Cloud. . . . . . . N°s	221 à 239
Porcelaines de Sceaux.	240 et 241
Porcelaines de Sèvres.	242 à 253
Porcelaines de Vincennes	254 à 257
Porcelaine indéterminée.	258
Porcelaines de Boissette.	259
Boîtes et flacon, porcelaine tendre	260 à 281
Porcelaines étrangères tendres et dures	282 à 330

Désignation des Objets

ANCIENNES
FAIENCES FRANÇAISES

1 — **Aprey**. Assiette à bords lobés et hachures roses, décor polychrome de deux personnages chinois sur un ornement rocaille.

2 — **Apt**. Vase brûle-parfums, forme Médicis, à anses et couvercle ajourés, surmonté d'un anneau avec fleurs en relief, décor marbré de deux tons de jaune et vert.

Haut., 36 cent.

3 — **Bellevue**, *près Toul*. Deux assiettes terre de pipe, décor polychrome de médaillons contenant des marines.

Signées en creux dans la pâte : *Bellevue*.

4 — **Bordeaux**. Assiette, décor polychrome dans le goût rouennais, composée au fond d'un bouquet de fleurs et feuillages ; le marli est formé d'un lambrequin de coquilles, pendentifs et fleurons.

5 — **Goult**. Assiette, décor polychrome de motifs rocailles au marli ; le fond est orné d'un personnage au milieu de branchages fleuris.

6 — **Les Islettes**. Assiette à bord contourné, décor polychrome, Chinois et papillons.

7 — **Lille**. Très grand plat rond, décor camaïeu bleu de lambrequin au marli ; le fond est tout couvert d'un motif composé d'un vase et cornes d'abondance supportés par quatre enfants.

Diam., 56 cent.

(Vente Sellière.)

8 — **Lille**. Coupe, pièce de surtout surélevée de quatre pieds, décor camaïeu bleu dans le goût rouennais.

Haut., 21 cent. ; larg., 24 cent.

9 — **Lorraine**. Grande statuette en faïence de Lorraine blanche, représentant un comédien, la jambe gauche levée et tenant de la main droite un masque.

Haut., 30 cent.

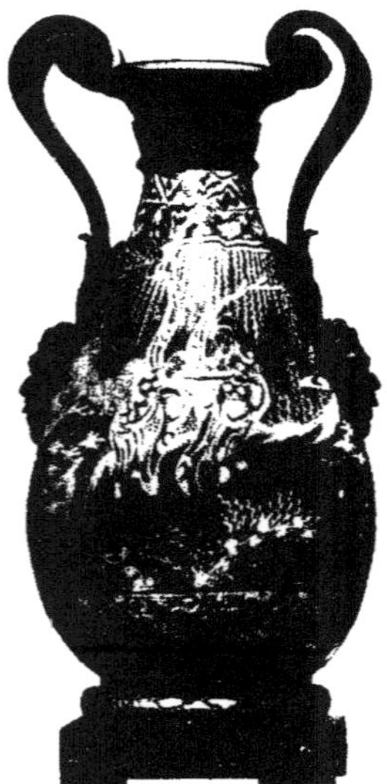

54

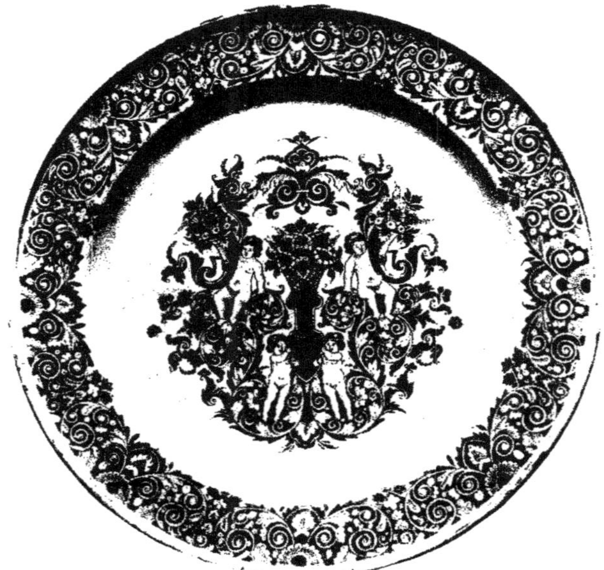

7

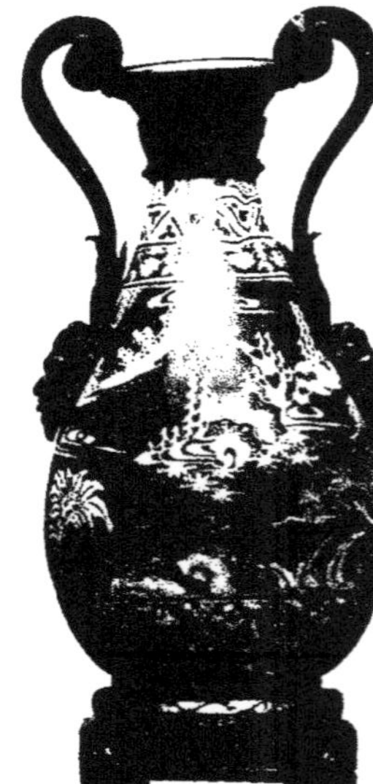

54

10 — **Lorraine**. Deux petits bustes de Voltaire et Rousseau, en faïence fine, décor polychrome.

Haut., 17 cent.

11 — **Terre de Lorraine**. Buste sur socle rond de Jean-Jacques Rousseau, en terre de Cyflé.

Haut., 28 cent.

12 — **Marseille**. Pot à crème sans couvercle, décor polychrome de personnages dans un paysage.

13 — **Marseille**. Grenouille formant tabatière, décor au naturel.

14 — **Marseille**. Deux assiettes à bord contourné, décor polychrome de bouquets de fleurs.

15 — **Marseille Saint-Jean-du-Désert**. Deux bouquetières percées de petits trous, en forme de vase à col resserré, décor bleu et manganèse dans la manière de Nevers.

Haut., 24 cent.

16 — **Marseille**. Statuette représentant l'Hiver, décor polychrome.

Marquée de la fleur de lis.

Haut., 175 millim.

17 — **Marseille**. Deux plaques carrées, décor polychrome de médaillons ronds, renfermant, l'une, une vieille femme dans un paysage, appuyée sur un bâton, et l'autre, une jeune femme pêchant à la ligne.

15 centimètres carrés.

18 — **Marseille**. Théière couverte, forme boule, décor polychrome de bouquets de fleurs,

19 — **Marseille**. Assiette à bord contourné, décor polychrome de paysage avec deux personnages, quatre bouquets de fleurs et hachures au marli.

20 — **Marseille**. Assiette à bord contourné, décor polychrome de bouquets de fleurs.

21 — **Marseille Saint-Jean-du-Désert**. Assiette, décor bleu et manganèse, composé, au marli, d'imbrications, réserves de fleurs et ornements divers; le fond est occupé par une armoirie surmontée d'un casque et supportée par deux léopards.

22 — **Marseille**. Plat oblong, à bord contourné, décor polychrome de bouquets de fleurs et insectes.

Long., 36 cent. ; larg., 25 cent.

23 — **Marseille**. Assiette à bord contourné, décor polychrome de bouquets de fleurs et légumes sur fond jaune.

24 — **Marseille**. Assiette à bord contourné, décor polychrome de fleurs sur fond vert d'eau.

25 — **Marseille.** Assiette à bord contourné, décor polychrome, paysage représentant une femme pêchant, ayant un chien près d'elle; au marli, dents de loup or.

26 — **Marseille**. Deux petites coupes ovales sur piédouche, décor polychrome de bouquets de fleurs.

Haut., 12 cent.; larg., 18 cent.

27 — **Moustiers**. Écuelle ronde couverte, à oreilles plates, décor polychrome de médaillons de personnages entourés de couronnes de fleurs jaunes,

Diam. du couvercle, 18 cent.

28 — **Moustiers**. Assiette creuse, à bord contourné, décor polychrome; au fond, Mercure courant dans la campagne; ce médaillon est entouré d'un motif rocaille. Au marli, guirlandes jaunes.

Cette pièce peut accompagner l'écuelle de même faïence.

29 — **Moustiers.** Petit plat oblong, à bord contourné, décor polychrome : au fond, médaillon avec sujet mythologique; au bord, guirlandes de fleurs.

Long., 32 cent.; larg., 23 cent.

30 — **Moustiers**. Assiette à bord contourné, décor polychrome : au fond, écusson chiffré, surmonté d'une couronne de comte : le marli est semé de bouquets de fleurs.

31 — **Moustiers**. Corps de fontaine, décor camaïeu bleu, d'après Bérain.

Haut., 35 cent. ; larg., 23 cent.

32 — **Moustiers**. Assiette à bord contourné, décor polychrome au marli, petite dentelle dans le goût de Bérain ; au fond, une armoirie de marquis, supportée par deux levriers.

33 — **Moustiers**. Bassin ovale et côtelé, décor bleu, dans le goût de Bérain : au fond, une armoirie.

Long., 37 cent. ; larg., 31 cent.

34 — **Moustiers**. Assiette à bord contourné, décor camaïeu bleu, d'après Bérain.

35 — **Moustiers**. Assiette à bord contourné, décor polychrome, médaillon représentant Jupiter ; au marli, guirlandes de fleurs.

Marquée : *Oléry*.

36 — **Moustiers.** Très grand plat ovale, décor camaïeu bleu, représentant une chasse au tigre, d'après Tempesta ; lambrequin au marli.

Grand diam., 58 cent. ; petit diam., 47 cent.

37 — **Moustiers.** Plat à pans coupés, décor camaïeu bleu ; au fond, paysage avec nombreux personnages (la Moisson) ; au bord, petit lambrequin.

Long., 38 cent. ; larg., 29 cent. 1/2.

38 — **Moustiers.** Moutardier couvert, forme tonnelet à anse, décor polychrome de guirlandes de fleurs et pendentifs. Charnière en étain.

Haut., 9 cent.

39 — **Moustiers.** Pot à eau et sa cuvette, décor polychrome en plein, de sujets mythologiques et bouquets de fleurs.

Haut. du pot, 23 cent.
Long. de la cuvette, 37 cent.

40 — **Moustiers.** Assiette, décor camaïeu bleu : au fond, grand médaillon avec personnages dans un paysage, et petit lambrequin au marli.

41 — **Nevers.** Gourde de forme lenticulaire, à quatre coulants, décor bleu et jaune dans le goût rouennais : sur l'ombilic saillant, en camaïeu bleu : femme dans un paysage.

Diam., 15 cent.

42 — **Nevers.** Sucrière, décor bleu et manganèse, chinois avec armoirie.

43 — **Nevers**. Petite potiche couverte, décor polychrome : sur la panse, se trouve un médaillon représentant un berger dans un paysage sur fond jaune ; le reste de la pièce est entièrement couvert de rinceaux, fleurs, feuillages et oiseaux. Fin de la 1re époque.

Haut., 28 cent.

44 — **Nevers**. Gourde ronde, à panse aplatie et quatre coulants ; décor blanc fixe et deux tons de jaune sur fond gros bleu.

Haut., 21 cent.

45 — **Nevers**. Vase de pharmacie, forme gargoulette, décoré en blanc fixe de rinceaux, fleurs et oiseaux sur fond gros bleu.

Haut., 24 cent.

Ayant fait partie de la pharmacie de l'hospice de Moulins.

46 — **Nevers**. Bouteille à triple renflement, décor camaïeu bleu, dans le goût chinois.

Haut., 28 cent.

47 — **Nevers**. Gourde forme bouteille, avec quatre coulants, décor polychrome ; sur la face, dans un médaillon, prêtre officiant ; au revers, autre médaillon contenant un bouquet de fleurs.

Haut., 27 cent.

48 — **Nevers**. Très grand vase à anses formant jardinière, décor camaïeu bleu de deux grands médaillons contenant des marines.

Grand diam., 46 cent.; haut., 35 cent.

49 — **Nevers**. Deux cornets de pharmacie cylindriques sur piédouches, avec couvercles, décor camaïeu bleu de fleurs, feuillages, oiseaux et ornements divers.

Haut., 28 cent.

50 — **Nevers**. Assiette creuse à large marli, décor bleu de bouquets de fleurs et papillons.

Diam., 24 cent.

51 — **Nevers**. Assiette à large marli, décor bleu de l'époque des Conrad, composé d'une femme filant dans un paysage, avec chien ; au marli, personnages, maison, balustrades et oiseaux dans le goût chinois.

Diam., 23 cent.

52 — **Nevers**. Deux petits plateaux ronds, décor en plein de bouquets de fleurs, feuillages et oiseaux en blanc sur fond gros bleu.

Diam., 21 cent.

53 — **Nevers**. Plat, décor bleu en plein de six personnages et oiseaux dans un paysage.

Diam., 34 cent.

54 — **Nevers.** Deux grandes bouteilles, décorées en blanc fixe de personnages et ornements divers dans le goût chinois, sur fond gros bleu.

Belle monture en bronze doré de l'époque Louis XVI.

Hauteur, avec la monture, 50 cent.

55 — **Nevers.** Grand plat rond, décor camaïeu bleu ; le fond est couvert d'un paysage avec cinq personnages, dont l'un, marchant en tête, joue du violon ; au marli, bouquets de fleurs, feuillages et oiseaux.

Diam., 43 cent. 1/2.

56 — **Niederwiller.** Jardinière-applique rectangulaire avec ornements ajourés, faïence décorée d'un paysage camaïeu rose.

Long., 21 cent.; haut., 12 cent.

57 — **Niederwiller.** Deux assiettes, marli ajouré, décor polychrome de bouquets de fleurs.

58 — **Niederwiller.** Pot à crème couvert avec anse, décor polychrome de bouquets de fleurs.

Haut., 8 cent.

59 — **Niederwiller.** Assiette creuse à bord contourné, décor polychrome de bouquets de fleurs.

60 — **Niederwiller.** Assiette à bord lobé, décor polychrome de bouquets de fleurs.

84

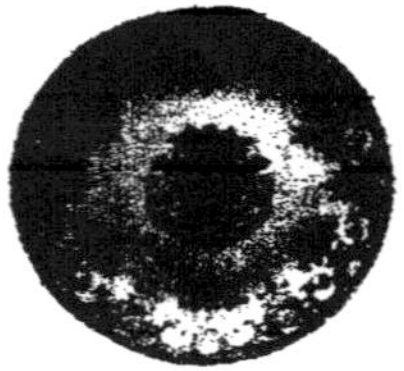

83

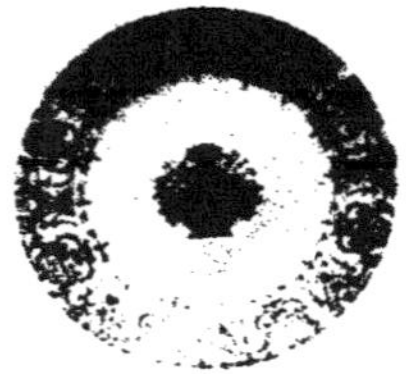

37

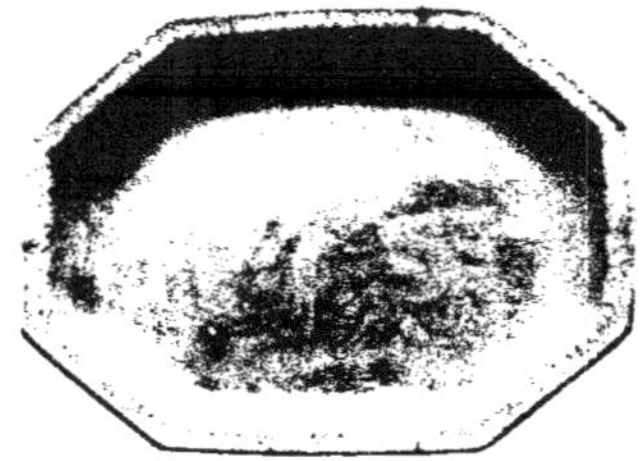

82

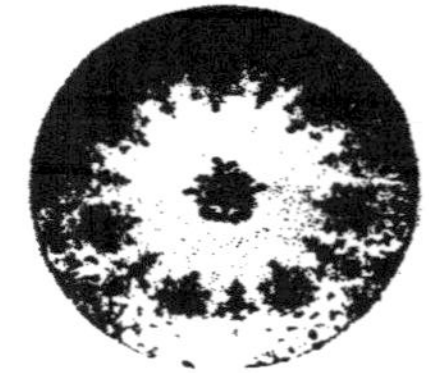

114

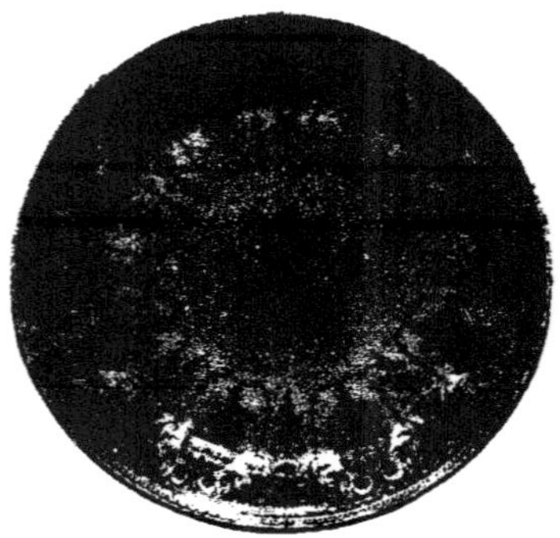

81

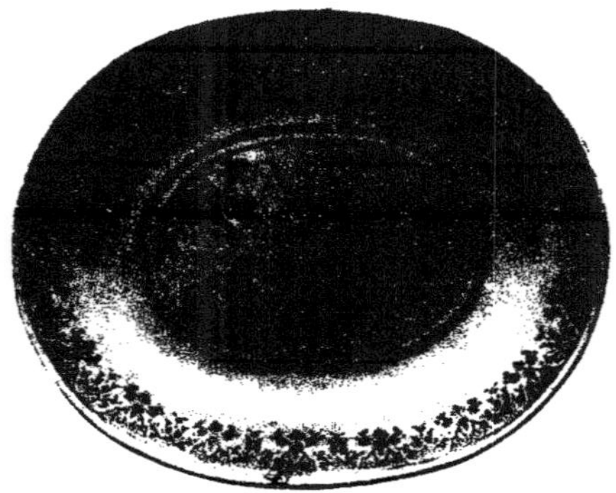

36

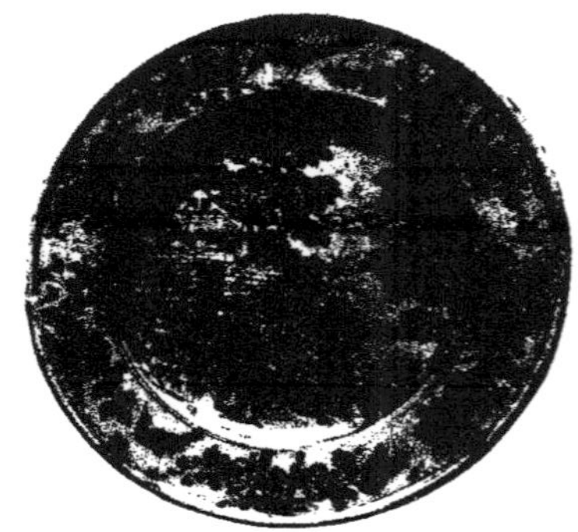

55

61 — **Niederwiller.** Assiette avec bord à douze lobes, décor polychrome de bouquets de fleurs.

62 — **Palissy.** Petit groupe de deux personnages assis, s'embrassant. Terre vernissée polychrome.

Haut., 135 millim.

63 — **Rouen.** Écuelle ronde à oreilles plates, décor polychrome à la fleur de sainfoin.

Diamètre du couvercle, 175 millim.

64 — **Rouen.** Cuvette oblongue à bord contourné, décor polychrome de Guillibeaux sur fond bleu empois.

Long., 315 millim.; larg., 24 cent.

65 — **Rouen.** Bourdaloue, décor polychrome de bouquets de fleurs de sainfoin sur fond bleu empois.

Long., 23 cent.

66 — **Rouen.** Pot à eau, décor polychrome de fleurs de sainfoin sur fond bleu empois.

Haut., 23 cent.

Collection Lefrançois.

67 — **Rouen.** Jardinière-applique à cinq pans, percée de trous, décor bleu et rouge rayonnant avec pendentifs et fleurons.

Larg., 235 millim.; haut., 12 cent.

68 — **Rouen**. Salière à huit pans, décor bleu et rouge de fleurs et bandes ornementales.

Long., 75 millim.

69 — **Rouen**. Aiguière forme casque, entièrement couverte d'un décor camaïeu bleu composé de lambrequins, fleurons, motifs rayonnants et ornements divers.

Haut., 28 cent.

70 — **Rouen**. Petit compotier à huit pans, décor polychrome de guirlandes, quadrillés, coquilles et motifs de ferronnerie au marli ; dans le fond, une corbeille de fleurs et feuillages.

Diam., 215 millim.

71 — **Rouen**. Bannette à pans coupés, décor polychrome ; au fond, corbeille fleurie entourée d'un lambrequin composé de cartouches, quadrillés, guirlandes, fleurons et motifs de ferronnerie.

Long., 34 cent.; haut., 235 millim.

72 — **Rouen**. Compotier à huit pans, décor polychrome en plein composé de deux personnages avec balustrades, fleurs, arbustes, oiseau, papillon et ornements divers dans le goût chinois.

Diam., 24 cent.

73 — **Rouen**. Assiette décor polychrome ; au fond, corbeille de fleurs ; le marli est couvert d'une bande de grenades, fleurs et feuillages sur fond bleu.

74 — **Rouen**. Assiette décor polychrome ; le marli est couvert d'une bande composée de quadrillés verts, chrysanthèmes jaunes et réserves contenant des crevettes ; au fond, écusson contenant trois cerfs et une étoile surmontés d'un casque de chevalier.

75 — **Rouen**. Assiette décor bleu et rouge, composé, au fond, d'un cul-de-lampe avec grand lambrequin de fleurons, cartouches quadrillés et ornements divers au marli.

76 — **Rouen**. Assiette décor polychrome, composé au fond de pagodes et au marli de chrysanthèmes jaunes sur fond bleu et six réserves de branchages fleuris.

77 — **Rouen**. Assiette à bord contourné, décor polychrome en plein, composé de deux Chinois entourés de branchages fleuris, arbustes, oiseau et papillon.

78 — **Rouen**. Compotier à bord contourné, décor polychrome au carquois.

Diam., 24 cent.

79 — **Rouen**. Assiette à bord contourné, décor polychrome de trois oiseaux et bouquets de fleurs ; au bord, six petits motifs quadrillés noirs sur fond vert.

Atelier de Levavasseur.

80 — **Rouen**. Grand plat oblong à pans coupés, décor polychrome; au fond, scène chinoise composée de quatre personnages, deux dromadaires et un jaguar enchainé; le marli est formé d'un petit lambrequin; dans la partie supérieure, se trouvent l'armoirie de Bernard d'Avesnes, prieur des Templiers de Malte.

Long., 42 cent.; haut., 315 millim.

81 — **Rouen**. Grand plat rond, décor bleu et rouille, composé au fond d'un cul-de-lampe formé d'une corbeille fleurie, de petites cornes d'abondance, de quadrillés, fleuron et guirlandes; le marli, la chute et une partie du fond sont couverts d'un grand lambrequin, de cartouches quadrillés, guirlandes et fleurons.

Diam., 46 cent.

82 — **Rouen**. Assiette, décor bleu et rouille; au fond, petit bouquet de fleurs et feuillages; le marli, la chute et une partie du fond sont couverts d'un grand lambrequin, de cartouches quadrillés, fleurons et pendentifs.

83 — **Rouen**. Assiette, décor polychrome; au fond, une corbeille de fleurs; le marli est formé d'un lambrequin, de quadrillés, pendentifs et motifs de ferronnerie.

84 — **Rouen.** Assiette, décor camaïeu bleu; le marli est composé d'un lambrequin, de guirlandes, pendentifs et fleurons; au fond, l'armoirie de Poterat.

85 — **Rouen**. Deux assiettes, décor camaïeu bleu, entièrement couvertes d'une grande rosace centrale, reliée au bord par huit arcades rayonnantes.

86 — **Rouen**. Assiette, décor polychrome ; au fond, deux Chinois faisant danser des singes ; au marli, un petit lambrequin composé de coquilles et fleurons ; à la partie supérieure, l'armoirie de Bernard d'Avesnes.

87 — **Rouen**. Compotier à bord contourné, décor polychrome à la haie fleurie et ornements divers.

88 — **Rouen**. Grand plat ovale, décor polychrome à la double corne.

Long., 50 cent.

89 — **Rouen**. Plat ovale côtelé, décor camaïeu bleu : au fond, très grande rosace, et, au bord, petit lambrequin.

Long., 42 cent.

90 — **Saint-Clément**. Écritoire rectangulaire, décor camaïeu bleu et or, de médaillons avec personnages et guirlandes en relief.

91 — **Sinceny**. Grand légumier de forme ovale, avec anses plates et couvercle surmonté d'un lézard comme bouton, décor polychrome de grands branchages, de fleurs et d'oiseaux.

Marqué : ·S·

Long., 35 cent.

92 — **Sceaux**. Petit vase brûle-parfums, couvert, de forme ovoïde, sur piédouche carré, à deux anses, décor polychrome : sur la face, médaillon renfermant un joli sujet pastoral, composé de trois personnages ; au revers, guirlande de fleurs ; le bouton du couvercle est formé d'un bouquet de fleurs.

Charmante pièce.

Haut. totale, 20 cent.

93 — **Sceaux**. Sucrier ovale couvert, à sucre en poudre, avec plateau adhérent, décor polychrome d'oiseaux et fleurs.

Long. du plateau, 23 cent.

94 — **Sceaux**. Saucière à deux anses et deux déversoirs, décor camaïeu bleu d'oiseaux, fleurs et fruits.

Long. du plateau, 23 cent.

95 — **Sceaux**. Petit plateau oblong, avec cavité, décor polychrome de bouquets de fleurs.

Long., 175 millim.

96 — **Sceaux**. Jardinière-applique, forme demi-lune, sur cinq petits pieds, décor polychrome de guirlandes fleuries, suspendues par un nœud de ruban.

Larg., 29 cent. ; haut., 12 cent. 1/2.

97 — **Sceaux**. Assiette, décor polychrome : au fond, deux personnages dansant, d'après Téniers ; le marli est orné d'ustensiles de ménage.

98 — **Sceaux**. Assiette à bord dentelé et lobé, décor polychrome d'oiseaux, bouquets de fleurs et insectes ; au marli, par intervalles, hachures roses et bleues.

Marquée au revers : O P.

99 — **Strasbourg**. Théière couverte, faïence de Joseph Hanong, décor polychrome de bouquets de fleurs.

Marquée : H.

100 — **Strasbourg**. Petite cafetière couverte, anse formée par un branchage de fleurs en relief, décor polychrome de bouquets de fleurs.

Haut., 13 cent.

101 — **Strasbourg**. Assiette à bord contourné, décor polychrome, composé d'un grand bouquet de fleurs.

Marque de Joseph Hanong.

102 — **Varages**. Jardinière oblongue, avec anses, sur quatre petits pieds, décor polychrome, à l'intérieur et à l'extérieur, de bouquets de fleurs.

Long., 38 cent. ; larg., 21 cent. ; haut., 12 cent.

ANCIENNES

FAIENCES ÉTRANGÈRES

103 — **Alcora**. Bouteille ronde à long col, décor polychrome de personnages chinois, animaux, oiseaux et fleurs.

Haut., 22 cent.

104 — **Alcora**. Saucière à deux anses et deux déversoirs, décor polychrome intérieur et extérieur de trois personnages, hibou, fleurs et feuillages.

Long., 23 cent.

105 — **Alcora**. Moutardier couvert, forme tonnelet, à anse, décor polychome chinois, oiseaux et fleurs; charnière en étain.

Haut., 11 cent.

106 — **Alcora**. Compotier à bord découpé, décor polychrome en plein de personnages chinois, fleurs et oiseaux chimériques.

107 — **Allemagne**. Assiette en faïence de Bayreuth, décor manganèse, représentant Adam dans le Paradis, sur fond bleu clair.

108 — **Castelli**. Tasse forme gobelet et sa soucoupe, décor polychrome de paysage.

109 — **Delft**. Cruche, décor blanc de fleurs et oiseaux sur fond bleu. Couvercle en argent.

Haut., 24 cent.

110 — **Delft**. Petit vase sans couvercle, en forme de baril, décor polychrome et or de paysages.

Haut., 8 cent.

111 — **Delft**. Deux potiches à huit pans et côtelées, décor camaïeu bleu, entièrement couvertes de corbeilles fleuries, lambrequins et ornements divers. Elles sont montées en lampes.

Hauteur des potiches, 30 cent.

112 — **Delft**. Deux potiches rondes, décor camaïeu bleu, montées en lampes. Elles sont entièrement couvertes de médaillons avec pagodes, de quadrillés, d'arbustes, d'oiseaux et ornements divers.

Hauteur des potiches, 28 cent.

113 — **Delft**. Deux assiettes, décor camaïeu bleu, composé au marli d'un lambrequin avec guirlandes et chiffres enlacés ; armoirie au centre.

114 — **Delft.** Assiette, décor bleu, rouge, vert et or, composé d'un lambrequin au marli ; tout le fond est couvert d'une armoirie avec la devise : *Decus et Tutamen.*

115 — **Hispano-moresque.** Grand plat à ombilic saillant et palmettes fleuries en relief sur le marli, décor jaune métallique sur fond chamois.

Diam., 42 cent.

116 — **Luxembourg.** — Coquetier à galerie ajourée, faïence fine de Boch, décor camaïeu bleu. Marque : L. B enlacés.

Haut., 7 cent.

117 — **Marieberg.** — Assiette à large marli ajouré, décor polychrome ; au fond, les armes du comte de Breteuil. Au revers, marque de la fabrique de Marieberg.

118 — **Milan.** Assiette, décor polychrome ; au fond, grande armoirie supportée par des anges ; le marli est quadrillé avec quatre réserves de fleurs.

119 — **Rhodes.** Petit plat, décor polychrome rayonnant de bouquets de fleurs et ornements divers.

Diam., 25 cent.

120 — **Rhodes.** Petit plat, décor polychrome de palmettes fleuries.

Diam., 27 cent.

ANCIENNES

PORCELAINES TENDRES FRANÇAISES

121 — **Bourg-la-Reine.** Deux petites tasses cylindriques à café, décor polychrome de bouquets de fleurs.

122 — **Bourg-la-Reine.** Plateau d'huilier, décor polychrome de bouquets de fleurs.

Marque BR en creux dans la pâte.

Long., 27 cent.

123 — **Bourg-la-Reine.** Plateau oblong à bord découpé, décor polychrome de guirlandes fleuries.

Long., 29 cent.; larg., 20 cent.

124 — **Bourg-la-Reine.** Beurrier en forme de baquet à plateau adhérent et son couvercle, décor polychrome de bouquets de fleurs.

Diamètre du plateau, 17 cent.

125 — **Bourg-la-Reine.** Petit cache-pot de forme obconique, à anses formées par des têtes de dauphins, décor polychrome de guirlandes de fleurs suspendues par des nœuds.

Diam., 14 cent.; haut., 11 cent. 1/2.

126 — **Chantilly**. Assiette à bord lobé, décor camaïeu bleu de guirlandes fleuries suspendues par des nœuds de ruban; au fond, deux P enlacés, formés par des roses, surmontés d'une couronne.

Marquée au cor de chasse et : *Villers-Cotteret*.

127 — **Chantilly**. Théière côtelée, décor polychrome dit à l'écureuil, cercle en argent au couvercle.

128 — **Chantilly**. Tasse cerclée à anse formée d'un branchage, avec soucoupe, décor polychrome à la gerbe.

129 — **Chantilly**. Sucrier rond avec son couvercle ayant comme bouton un petit lapin, décor polychrome coréen.

Haut., 8 cent. ; diamètre du couvercle, 10 cent.

130 — **Chantilly**. Sucrier à sucre en poudre et son plateau, de forme lobée, décor polychrome de bouquets de fleurs.

Longueur du plateau, 23 cent. 1/2.

131 — **Chantilly**. Petit cache-pot avec anses formées par des branchages, décor polychrome de personnages chinois.

Marque au cor de chasse.

Haut., 9 cent.; diam., 11 cent. 1/2.

132 — **Chantilly**. Deux statuettes d'homme et de femme assis, portant un panier de fleurs, porcelaine tendre blanche.

Haut., 17 cent.

133 — **Chantilly**. Petite tasse sans anse et sa soucoupe quadrilobées, décor polychrome coréen.

134 — **Chantilly**. Grande figurine de jardinière portant une hotte sur son dos.

Haut., 28 cent.

135 — **Chantilly**. Compotier, décor polychrome coréen, deux dragons luttant.

Diam., 21 cent.

136 — **Chantilly**. Petite assiette, décor polychrome de personnages chinois.

Diam., 20 cent. 1/2.

137 — **Chantilly**. Saucière en forme de coquille, décor polychrome de fleurs et de rosaces.

Long., 18 cent.

138 — **Chantilly**. Saucière oblongue, lobée, à deux anses et deux déversoirs, décor polychrome de bouquets de fleurs.

Long., 20 cent.

139 — **Chantilly**. Crachoir rond à anse, décor polychrome de bouquets de fleurs.

Diam., 13 cent. 1/2 ; haut., 8 cent.

140 — **Chantilly**. Six pièces, dont trois salières lobées, un moutardier forme baril à plateau adhérent et deux coquetiers, décor camaïeu bleu à l'épi.

141 — **Chantilly**. Petit vase, ayant à la partie inférieure un renflement, décor polychrome d'un branchage fleuri et d'insectes.

Haut., 7 cent.

142 — **Chantilly**. Petit vase de nuit, décor polychrome de branchages fleuris et insectes.

143 — **Chantilly**. Deux grands flacons cylindriques avec leurs bouchons, décor polychrome coréen.

Haut., 21 cent., diam., 9 cent. 1/2.

144 — **Chantilly**. Assiette à bord lobé et marli à vannerie, décor polychrome ; au fond, grand bouquet de fleurs.

145 — **Chantilly**. Assiette à bord contourné et marli à ornements rocaille et vannerie en relief, décor polychrome de bouquets de fleurs.

146 — **Chantilly**. Assiette, décor polychrome composé d'un grand oiseau chimérique, de deux perdrix, et de branchages de fleurs dans le goût chinois.

Collection Dupont-Auberville.

147 — **Chantilly**. Deux assiettes à bord découpé et marli à côtes tournantes et vannerie, décor polychrome de bouquets de fleurs.

148 — **Chantilly**. Bourdaloue, forme escargot avec anse formée d'un branchage vert, décor polychrome de bouquets de fleurs.

149 — **Chantilly**. Sucrier à sucre en poudre et son plateau de forme ovale à nervures et rocailles en relief, décorés de hachures bleues et petits bouquets de fleurs bleues en polychrome.

Long. du plateau, 24 cent. 1/2.

150 — **Chantilly**. Cache-pot à bord plat découpé, décor polychrome, grande chimère et branchage de fleurs dans le goût chinois.

Diam., 18 cent. 1/2 ; haut., 12 cent.

151 — **Chantilly**. Assiette à bord découpé, décor camaïeu bleu, composé d'un gros œillet au centre et de bouquets de muguet sur toute la surface.

152 — **Chantilly**. Assiette à bord découpé, décor camaïeu bleu ; sur le marli, guirlande de branchages de fleurs et, au fond, semis de fleurs et feuillages.

153 — **Chantilly**. Assiette à bord découpé, décor camaïeu bleu de quadrillés dans le fond : au bord, gros filet bleu.

154 — **Chantilly**. Salière à trois cavités, décor polychrome de branchages fleuris et oiseaux.

Long., 16 cent.; haut., 6 cent.

155 — **Chantilly**. Trois assiettes à bord découpé, décor camaïeu bleu ; au centre, les armes de France.
Une marquée en bleu du cor de chasse et : *Ménagerie*.

156 — **Chantilly**. Assiette à bord découpé et marli vannerie, décor polychrome de bouquets de fleurs.

157 — **Chantilly**. Assiette à bord découpé et marli vannerie, décorée au fond d'une couronne de fleurs en camaïeu bleu.

158 — **Chantilly**, Assiette à bord lobé, décorée en camaïeu bleu de bouquets de fleurs et insectes.

159 — **Chantilly**. Assiette à bord lobé et marli à vannerie et nervures, décor camaïeu bleu dit au jet d'eau.
Marquée du cor de chasse.

160 — **Chantilly**. Tasse, forme gobelet, à six lobes, décor polychrome coréen.
Marque du cor de chasse en rouge.

161 — **Chantilly**. Tasse forme gobelet, à lobes et sa soucoupe, décor polychrome d'oiseaux, fleurs et feuillages, dans le goût coréen.

162 — **Chantilly**. Tasse, forme gobelet et sa soucoupe, imbrications blanches en relief, décor polychrome d'oiseaux et fleurs dans le style coréen.

165

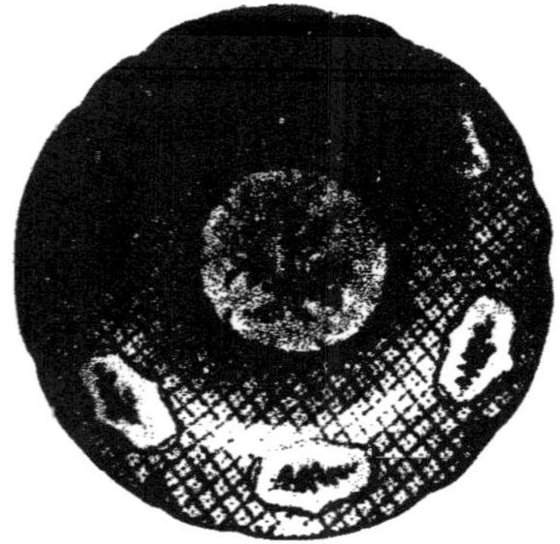

166

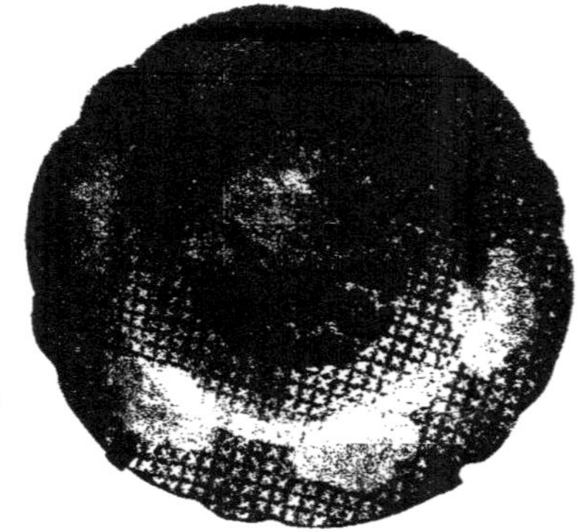

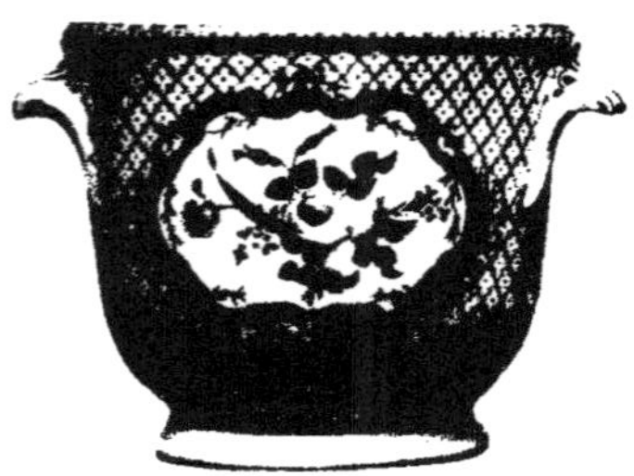

164

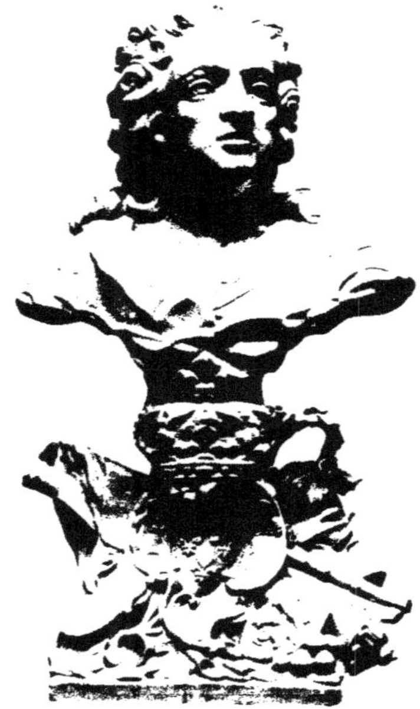

215

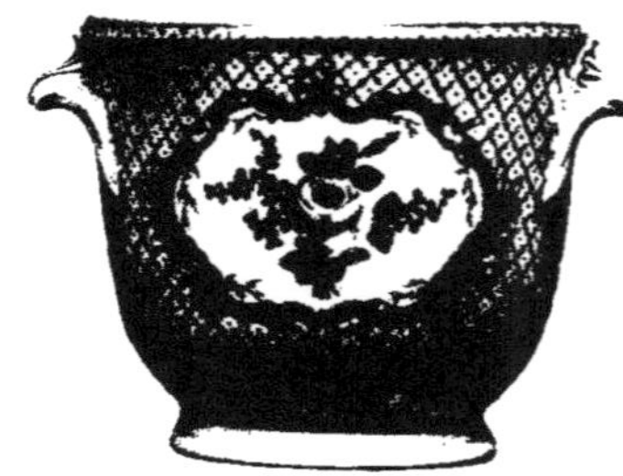

164

163 — **Chantilly**. Plat ovale à bord contourné, décor camaïeu bleu de bouquets de fleurs.

Long., 33 cent.

164 — **Chantilly**. Paire de cache-pots à oreilles formées par des coquilles, décor polychrome et or de réserves de bouquets de fleurs sur un fond quadrillé bleu.

Marque au cor de chasse. Datés : *1786*.

Haut., 17 cent. 1/2 ; diam., 19 cent.

165 — **Chantilly**. Assiette à bord contourné, décor polychrome et or, entièrement couverte de quadrillés bleus, médaillons de fleurs au centre et six réserves de fleurs au pourtour.

166 — **Chantilly**. Assiette à bord contourné, décor polychrome, entièrement couverte de quadrillés bleus, médaillon au centre contenant un cerf poursuivi par des chiens, réserves en blanc au pourtour.

167 — **Chantilly**. Vingt assiettes plates, marli vannerie, porcelaine blanche.

168 — **Chantilly**. Vingt assiettes plates, marli ruban ondulé et œillet au centre.

169 — **Chantilly**. Douze assiettes, décor camaïeu bleu : le marli est couvert d'un quadrillé ; au fond, un bouquet de roses.

170 — **Chantilly**. Quatre-vingt-huit assiettes plates, trois assiettes creuses, deux jattes, deux sucriers à poudre avec plateaux adhérents et un porte-huilier, grains d'orge, décor à l'œillet.

Ce lot sera divisé.

171 — **Chantilly**. Soixante-dix sept assiettes plates, vingt-trois assiettes creuses, six compotiers et un sucrier à poudre avec son plateau ; grains d'orge, décor bleu à l'épi.

Ce lot sera divisé.

172 — **Chantilly**. Deux cent soixante-quatre assiettes plates, vingt-neuf assiettes creuses, neuf compotiers et deux sucriers, décor bleu à l'épi.

Ce lot sera divisé.

173 — **Chantilly**. Treize assiettes plates et deux grandes jattes à semis de roses bleues.

174 — **Mennecy**. Buste de jeune homme sur socle quadrangulaire, décor polychrome de bouquets de fleurs.

Hauteur avec le socle, 17 cent. 1/2.

175 — **Mennecy.** Plateau d'huilier de forme oblongue, décor polychrome de bouquets de fleurs.

Longueur du plateau, 23 cent.

176 — **Mennecy**. Saucière à deux anses et deux déversoirs, décor polychrome de bouquets de fleurs.

177 — **Mennecy**. Statuette biscuit tendre, marchand de fleurs.

Haut., 12 cent.

178 — **Mennecy**. Petit sucrier rond, couvert, décor polychrome, dit à l'écureuil.

Marque : D. V. en bleu.

179 — **Mennecy**. Petit panier à anse en jonc tressé, rempli de fleurs, décor polychrome.

Long., 6 cent. ; haut., 7 cent. 1/2.

180 — **Mennecy**. Tasse à café et sa soucoupe, décor polychrome d'oiseaux et arbustes.

181 — **Mennecy**. Trois petits pots à pommade à nervures avec couvercles, décor polychrome de bouquets de fleurs.

Haut., 7 cent.

182 — **Mennecy**. Statuette de femme debout en robe bleue et corsage jaune, coiffée d'une marmotte, sur terrasse verte.

Haut., 17 cent. 1/2.

183 — **Mennecy**. Pot à pommade couvert, à décor bleu, dans la manière de Saint-Cloud.

Haut., 65 millim.

184 — **Mennecy**. Pomme de canne, décor polychrome de Chinois, pagodes et feuillages.

Haut., 45 millim.

185 — **Mennecy**. Moutardier forme baril, à plateau adhérent, décor polychrome de bouquets de fleurs.

186 — **Mennecy**. Écuelle couverte à anses, et son plateau, à godrons blancs, décor polychrome de rinceaux, de feuillages et hachures roses ; le bouton du couvercle est formé d'une rose.

Diam. du plateau, 17 cent.

187 — **Mennecy**. Vase forme Médicis, sur socle quadrangulaire à pans coupés, décor polychrome de bouquets de fleurs.

Haut. totale, 16 cent. 1/2.

188 — **Mennecy**. Petite théière couverte, décor polychrome de bouquets de fleurs.

189 — **Mennecy**. Figurine représentant un personnage de la comédie italienne, avec manteau noir et lanterne à ses pieds ; décor polychrome.

Marque : D. V. en creux dans la pâte.

Haut., 17 cent.

190 — **Mennecy**. Statuette de pèlerin adossé à un tronc d'arbre, décor polychrome.

Marque : D. V. en creux dans la pâte.

Haut., 18 cent. 1/2.

220

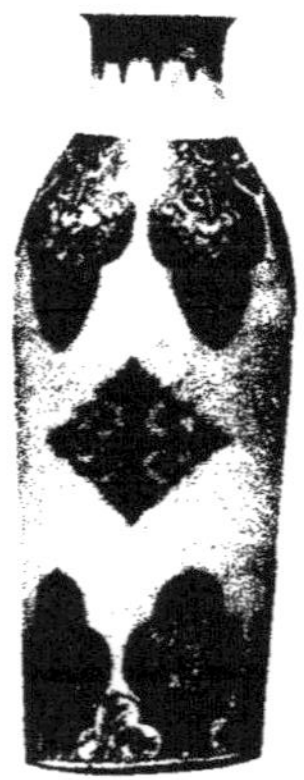

196

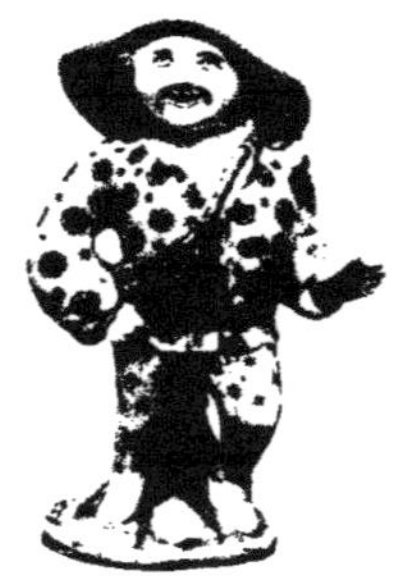

92

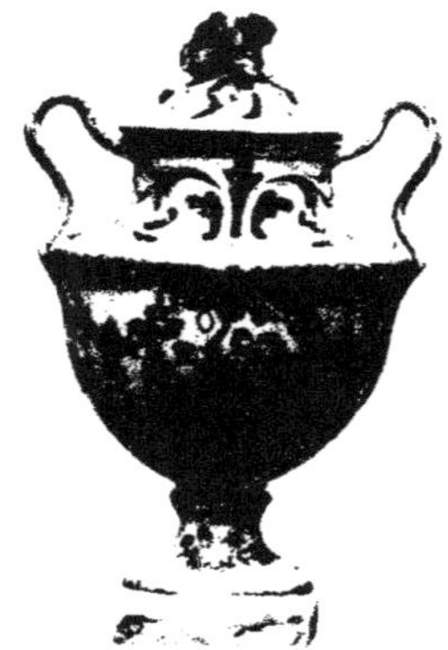

194

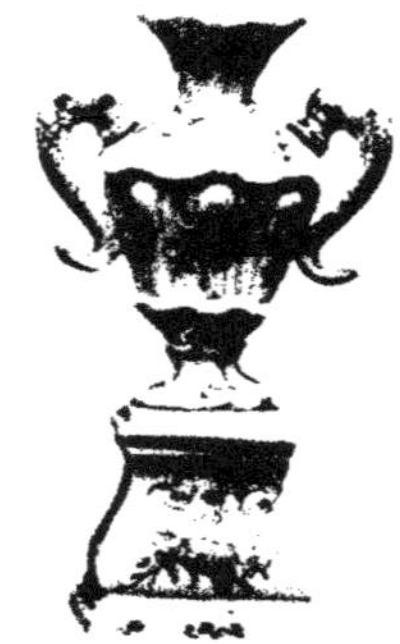

220

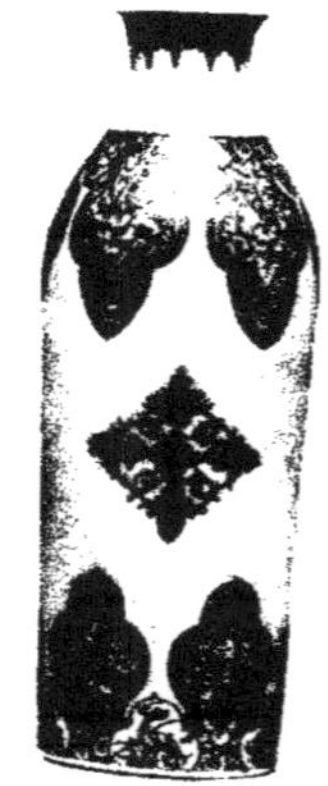

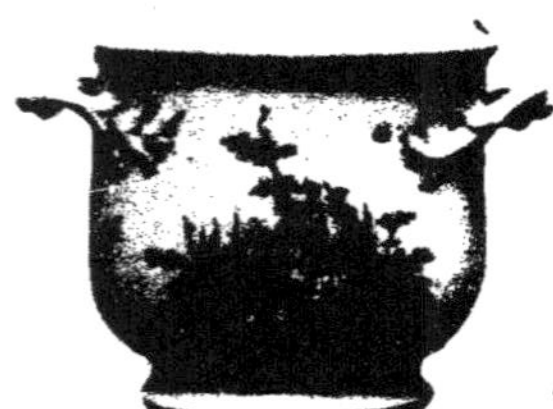

195

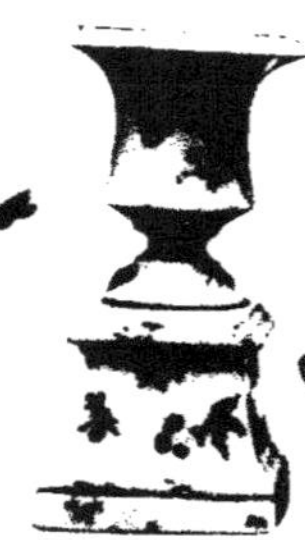

198

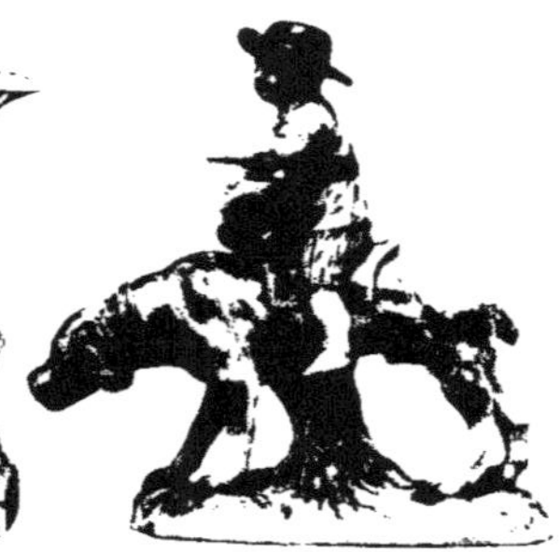

197

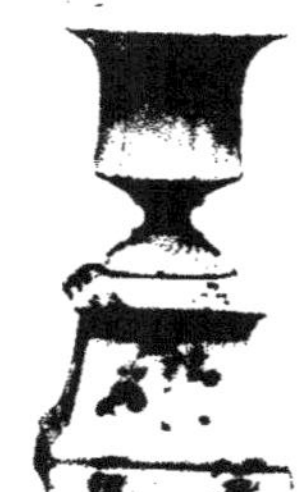

198

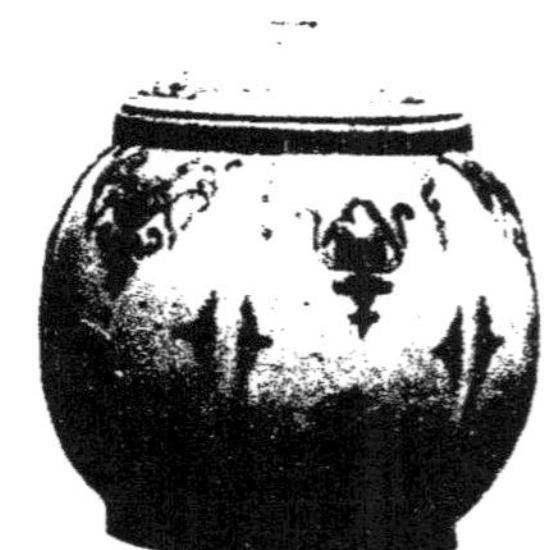

233

191 — **Mennecy**. Figurine représentant un joueur de flûte, décor polychrome.
Marque : D. V. B A, en creux dans la pâte.

Haut., 20 cent.

192 — **Mennecy**. Figurine représentant un joueur de vielle assis sur une terrasse rocaille, décor polychrome.

Haut., 20 cent.

193 — **Mennecy**. Figurine de jardinier tenant de la main droite un panier rempli de fruits et de la main gauche une serpette cassée ; décor polychrome.

Haut., 23 cent.

194 — **Mennecy**. Petit vase sur piédouche, avec panse godronnée et deux anses formées par des dauphins ; il repose sur un socle quadrangulaire ; décor polychrome de bouquets de fleurs.

Haut. totale, 17 cent. 1/2.

195 — **Mennecy**. Petit cache-pot, à anses cordées, décor polychrome de deux sujets dans le goût de Watteau.
Marque : D. V., en creux dans la pâte.

Haut., 12 cent. ; diam., 11 cent.

196 — **Mennecy**. Figurine de grotesque représentant un fort de la halle, décor polychrome.

Haut., 17 cent.

(Vente Dupont-Auberville.)

197 — **Mennecy**. Groupe composé d'un enfant tenant un panier, à califourchon sur un gros chien, décor polychrome.

Haut., 16 cent.; larg., 15 cent.

(Vente du Sartel, 1894.)

198 — **Mennecy**. Deux petits vases Médicis, sur socles quadrangulaires, décor polychrome de bouquets de fleurs.

Marque : D. V., en creux dans la pâte.

Haut. totale, 13 cent.

199 — **Mennecy**. Grande tasse obconique, à anse et sa soucoupe, décor polychrome de personnages dans un paysage.

Marque : D V, en creux dans la pâte.

Haut. de la tasse, 9 cent.
Diam. de la soucoupe, 15 cent. 1/2.

200 — **Mennecy**. Tasse forme gobelet et sa soucoupe, avec plateau présentoir de forme irrégulière; décor polychrome de médaillons de paysages, sur un fond vert avec carrelages.

La tasse et la soucoupe sont marquées : ·D·V· en bleu.

Ces pièces sont de la plus grande rareté.

Long. du plateau, 27 cent.; larg., 15 cent.
Diam. de la soucoupe, 10 cent. 1/2.
Haut. de la tasse, 5 cent. 1/2.

201 — **Mennecy**. Compotier, décor de pieds de vigne avec grappe de raisin en relief, porcelaine tendre blanche.

202 — **Mennecy**. Statuette d'enfant, tenant d'une main une grappe de raisin et de l'autre un verre, porcelaine tendre blanche.

Haut., 135 millim.

203 — **Mennecy**. Figurine d'homme à culotte noire et bonnet d'astrakan, décor polychrome.

Haut., 155 millim.

204 — **Mennecy**. Figurine de marquise en biscuit tendre.
Marquée : D. V S en creux dans la pâte.

Haut., 17 cent.

205 — **Mennecy**. Figurine de femme portant un panier de fruits, biscuit tendre.

206 — **Mennecy**. Figurine de jardinière ayant un panier au bras gauche et un arrosoir à ses pieds.
Marquée : D V en creux dans la pâte.

Haut., 14 cent.

207 — **Mennecy**. Groupe de trois personnages musiciens sur terrasse rocaille, biscuit tendre.
Marqué : D. V. *f* en creux dans la pâte.

Haut., 21 cent.

208 — **Mennecy.** Groupe de deux personnages musiciens sur terrasse rocaille, biscuit tendre.
Marqué : D V en creux dans la pâte.

Haut., 185 millim.

209 — **Mennecy.** Deux pots à crème, à petites côtes tournantes, décor polychrome de bouquets de fleurs.

210 — **Mennecy.** Compotier côtelé à bord découpé, décor polychrome d'oiseaux et insectes.
Marqué : D V ρ.

211 — **Mennecy.** Groupe de deux personnages en biscuit tendre représentant une jeune femme, ayant sur ses genoux une corbeille de fleurs et à ses pieds un jeune homme.
Marqué en creux dans la pâte : D V *f.*

Haut., 21 cent.

212 — **Mennecy.** Tasse à café et sa soucoupe, décor polychrome de bouquets de fleurs.
Marqué : D V.

213 — **Mennecy.** Deux pots à crème à côtes tournantes, décor polychrome de bouquets de fleurs.

214 — **Mennecy.** Grand groupe de quatre enfants, représentant : les Sciences et les Arts, sur terrasse rocailleuse, décor polychrome.

Haut., 28 cent.

215 — **Mennecy.** Buste du roi Louis XV, sur socle quadrangulaire adhérent, avec les attributs de la royauté en relief. Porcelaine tendre blanche.

Très belle et importante pièce de la plus grande rareté, provenant de la vente Turgot (1887).

Haut., 45 cent.

216 — **Mennecy.** Deux pitongs, décor polychrome de grands bouquets de fleurs. Monture bronze doré.

Haut. des vases, 12 cent.; diam., 8 cent. 1/2.

217 — **Mennecy.** Deux magots, porcelaine blanche, montés en bougeoirs à deux lumières, bronze doré de l'époque Louis XV, avec petites fleurettes porcelaine tendre.

Hauteur totale : 14 cent.

218 — **Orléans.** Cafetière avec son couvercle, porcelaine tendre, décor camaïeu bleu à l'épi.

Marque au lambel.

Haut., 16 cent.

219 — **Orléans.** Assiette à bord découpé, décor polychrome de bouquets de fleurs ; au marli en bleu, les lettres L P, enlacées.

220 — **Rouen.** Deux cornets, forme rouleau, décor camaïeu bleu de deux grands lambrequins et trois rosaces dans le goût chinois, porcelaine tendre.

Haut., 215 millim.

Vente Waddington (1895).

221 — **Saint-Cloud**. Deux manches de couteaux, porcelaine tendre blanche de fleurs de pêcher en relief.

222 — **Saint-Cloud**. Petite tasse à café et sa soucoupe, décor camaïeu bleu et godrons en blanc.

223 — **Saint-Cloud** ou **Chantilly**. Tasse à café et sa soucoupe-présentoir, de forme lobée, décor polychrome coréen.

224 — **Saint-Cloud**. Tasse forme gobelet et sa soucoupe, porcelaine tendre blanche de bouquets de fleurs de pêcher sur fond pointillé or.

225 — **Saint-Cloud**. Deux tasses forme bol et leurs soucoupes, décor camaïeu bleu d'arbustes fleuris.

226 — **Saint-Cloud**. Petit pot à pommade cylindrique, couvert, décor polychrome de gerbes et branchages fleuris.

Haut., 65 millim.

227 — **Saint-Cloud**. Saucière de forme oblongue, à deux anses et deux déversoirs, décor polychrome dans le goût rouennais.

Long., 22 cent.; haut., 6 cent.

228 — **Saint-Cloud**. Pomme de canne, décor camaïeu bleu, chinois sur le dessus et lambrequin au pourtour.

Haut., 5 cent.

229 — **Saint-Cloud**. Fourchette avec manche en porcelaine, décor bleu et rouge dans le goût rouennais.

230 — **Saint-Cloud**. Deux pitongs, décor camaïeu bleu de lambrequins dans le goût rouennais.
Marque au soleil.

Haut., 95 millim. ; diam., 88 millim.

231 — **Saint-Cloud**. Tasse à café et sa soucoupe-présentoir avec godrons blancs, décor camaïeu bleu de petits lambrequins.

232 — **Saint-Cloud**. Boite à épices en forme de trèfle, sur trois petits pieds, avec couvercle tournant et bouton pomme de pin ; décor camaïeu bleu, dans le goût rouennais.

Rayon, 8 cent. ; haut., 7 cent. 1/2.

233 — **Saint-Cloud**. Vase pot-pourri côtelé, avec couvercle, décor bleu de lambrequins dans le goût rouennais.

Haut., 15 cent. ; diam., 13 cent.

234 — **Saint-Cloud**. Grand couteau à découper, avec manche en porcelaine, décor camaïeu bleu de lambrequins.

235 — **Saint-Cloud**. Fourchette avec manche porcelaine tendre, décor de lambrequins camaïeu bleu.

236 — **Saint-Cloud**. Très petit pot à pommade, couvert, décor camaïeu bleu.
Marque au soleil.

Haut., 4 cent.

237 — **Saint-Cloud**. Tasse forme gobelet et sa soucoupe, porcelaine tendre blanche, décor de bouquets de fleurs de pêcher en relief.

238 — **Saint-Cloud**. Salière ronde, à pied et bord godronné, décor camaïeu bleu.

Diam., 8 cent. 1/2 ; haut., 5 cent.

239 — **Saint-Cloud**. Salière ronde, décor camaïeu bleu dans le goût rouennais.

Diam., 8 cent. 1/2 ; haut., 4 cent.

240 — **Sceaux**. Assiette à bord lobé et marli à vannerie, décor polychrome de bouquets de fleurs.
Marquée : S X. en creux dans la pâte.

241 — **Sceaux**. Petit pot à pommade, couvert, à nervures, décor polychrome de bouquets de fleurs.

Haut., 7 cent.

242 — **Sèvres**. Assiette creuse, à bord contourné, porcelaine tendre, décor polychrome ; petites hachures bleues au bord ; dans le fond et au marli, semis de bouquets de fleurs.

254 254 199

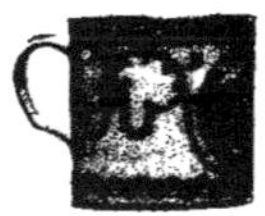

248

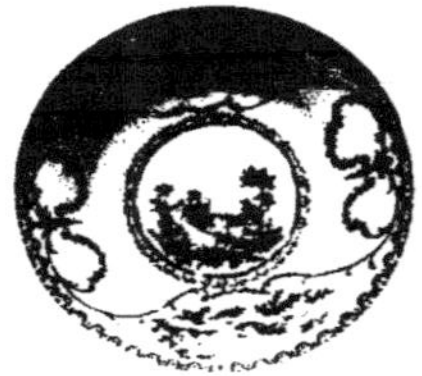

248

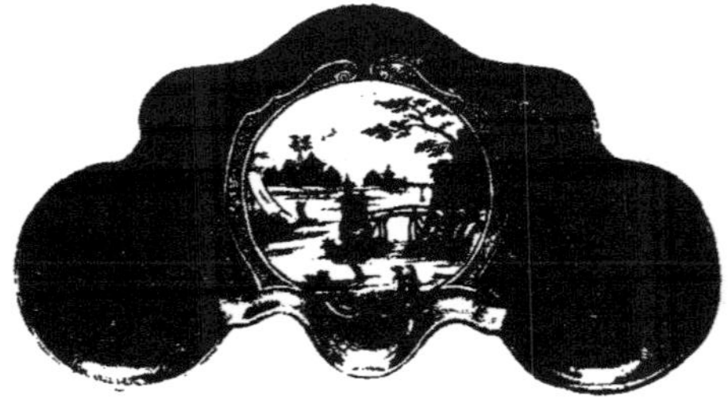

200

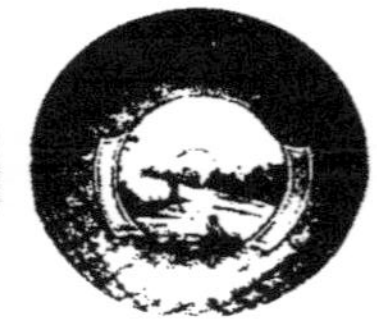

200

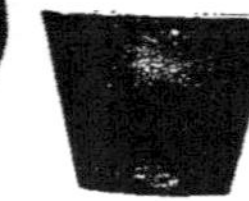

200

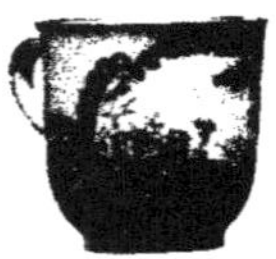

254

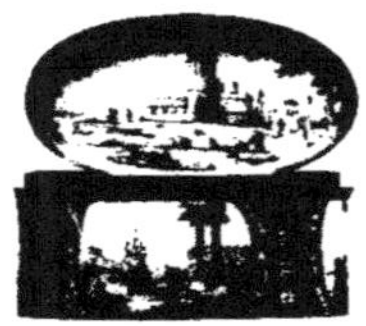

281

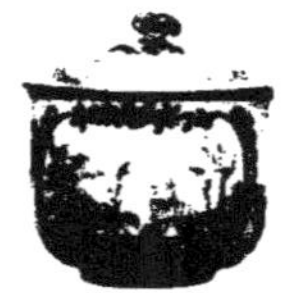

254

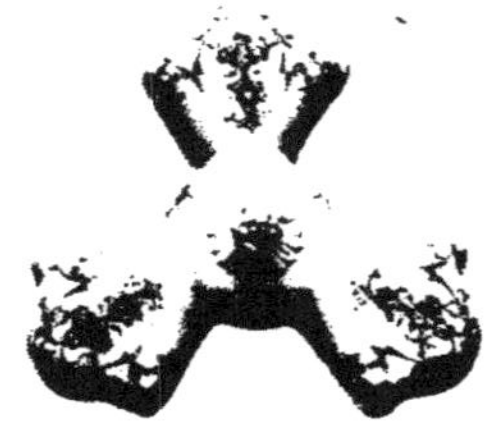

232

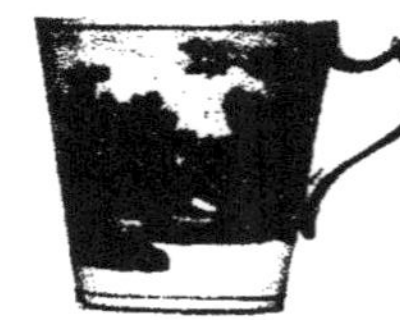

199

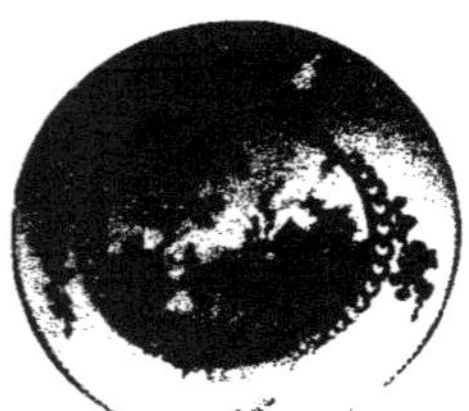

254

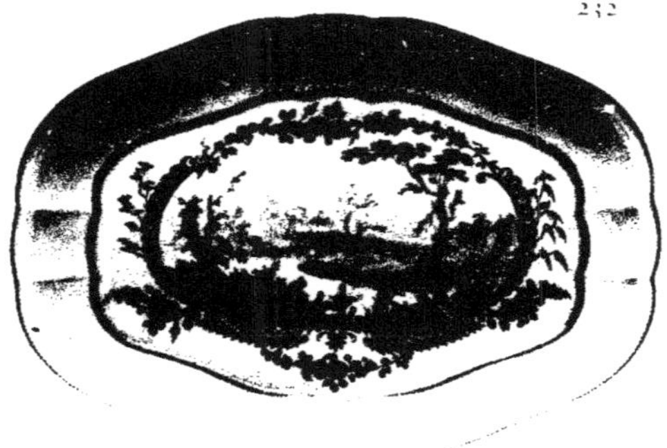

254

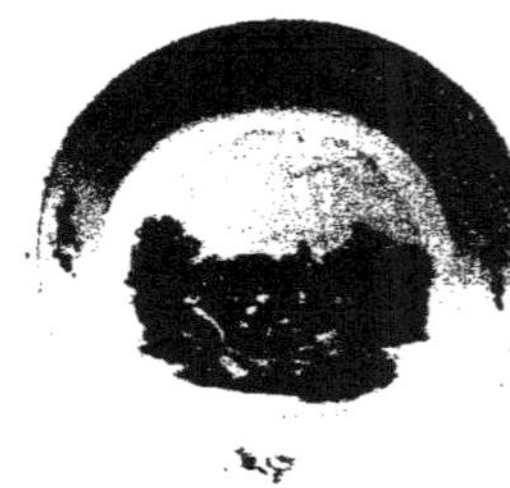

199

243 — **Sèvres.** Petite tasse cylindrique à café, et sa soucoupe, porcelaine tendre, décor polychrome et or de roses et feuillages.

244 — **Sèvres.** Groupe de deux personnages, Vénus et l'Amour, biscuit.

Haut., 30 cent.

245 — **Sèvres.** Tasse cylindrique et sa soucoupe, porcelaine dure, décor chinois laqué.

246 — **Sèvres.** Tasse cylindrique et sa soucoupe, porcelaine dure, polychrome et or, décor de petits médaillons de personnages et branchages, sur fond vert d'eau et encadrements marbrés roses.

247 — **Sèvres.** Tasse forme cul de poule et sa soucoupe, porcelaine tendre, décor polychrome et or de guirlandes de fleurs et lauriers, rubans bleus, œils-de-perdrix et autres ornements.

248 — **Sèvres.** Tasse cylindrique et sa soucoupe, pâte tendre, décor polychrome et or de médaillons à sujets de chasses, marines et paysages.

Marquée : B B.

249 — **Sèvres.** Bourdaloue, porcelaine tendre, décor polychrome de bouquets de fleurs.

250 — **Sèvres**. Assiette à bord contourné, porcelaine tendre, décor polychrome ; au fond, bouquet de roses ; le marli est tout couvert d'un ornement quadrillé œil-de-perdrix, avec trois réserves de bouquets de fleurs.

251 — **Sèvres**. Quatre pièces, sucrier, pot à crème sur trois pieds, deux tasses et soucoupes, porcelaine tendre, décor polychrome et or de médaillons, guirlandes de fleurs et feuillages de laurier sur un pointillé rouge.

Marquées des lettres : F. F.

252 — **Sèvres**. Petit sucrier rond, couvert, porcelaine tendre, décoré de réserves de fleurs polychromes sur fond gros bleu caillouté or.

Monture bronze doré moderne.

253 — **Sèvres**. Petit vase, forme Médicis, porcelaine tendre, décor polychrome de bouquets de fleurs.

Socle bronze doré.

Hauteur du vase, 7 cent. 1/2.

254 — **Vincennes**. Solitaire composé d'un plateau, d'un sucrier et d'une tasse et sa soucoupe, décor polychrome et or de médaillons à paysages avec personnages.

Ces pièces sont marquées de la lettre A.

Longueur du plateau, 28 cent. 1/2.

255 — **Vincennes.** Assiette à bord découpé, décor polychrome de quatre bouquets de fleurs et filet or au bord.

256 — **Vincennes.** Deux petites tasses mignonnettes sans soucoupes, porcelaine tendre blanche et or.

257 — **Vincennes.** Petit brûle-parfums couvert, sur terrasse rocaille, décor polychrome de branchages de fleurs et feuillages en relief.

Haut., 13 cent.

258 — **Porcelaine indéterminée.** Figurine de jeune homme en habit rose et culotte noire, ayant près de lui une hotte de fleurs, décor polychrome.

Marquée en rouge : B.

Haut., 7 cent. 1/2.

259 — **Boissette.** Sucrier sans couvercle, porcelaine dure, décor polychrome de deux sujets de personnages dans un paysage.

Haut., 13 cent. 1/2.

BOITES & FLACON

ANCIENNE PORCELAINE TENDRE

FRANÇAISE ET ÉTRANGÈRE

260 — **Capo-di-Monte**. Tabatière rectangulaire avec ornements rouges violacés en relief et têtes d'empereurs romains blanches en relief également; l'intérieur du couvercle est décoré, en polychrome, d'un sujet de trois personnages : la Leçon de chant. Monture ancienne, cuivre doré.

Long., 7 cent.; haut., 3 cent. 1/2.

261 — **Chantilly**. Bonbonnière ronde, porcelaine tendre, décor coréen de branchages fleuris avec oiseaux ; le dessous de cette boite est décoré de deux oiseaux rouges. Monture à charnière en argent de l'époque Louis XV.

Diam., 65 millim.

262 — **Chantilly**. Tabatière carrée, porcelaine tendre, décor polychrome intérieurement et extérieurement, de sujets maritimes et de paysages. Monture argent.

Long., 65 millim.; haut., 35 millim.

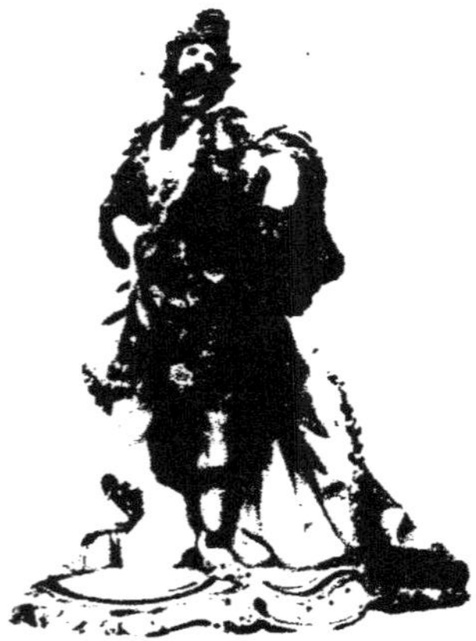

295

287

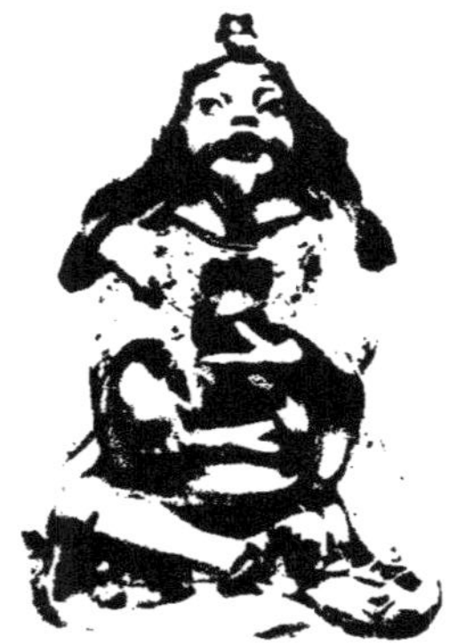

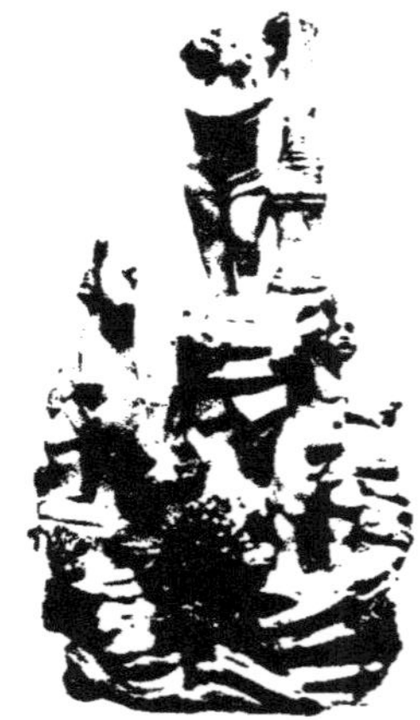

214

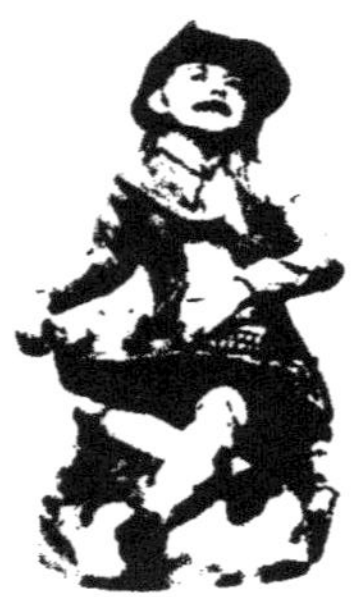

192

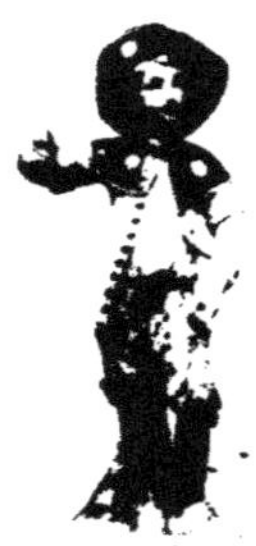

190

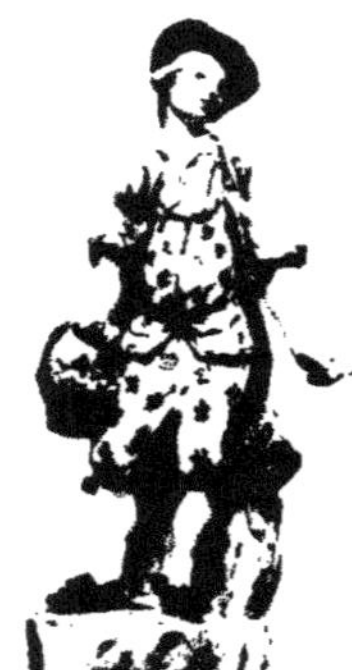

193

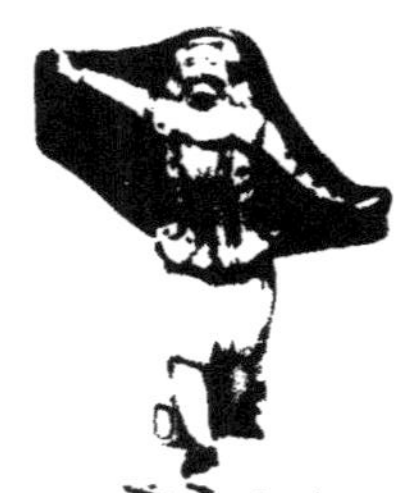

189

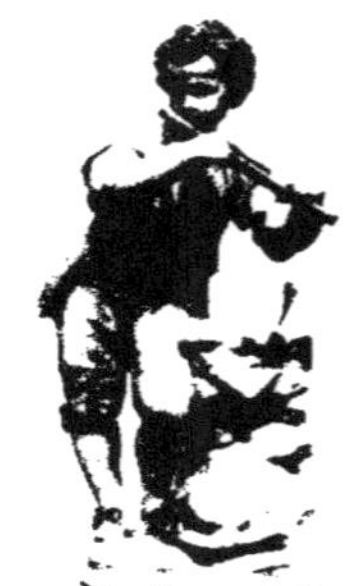

191

263 — **Chantilly**. Boite rectangulaire, porcelaine tendre, décor polychrome à l'intérieur, au revers et sur le couvercle, de paysages avec personnages. Monture ancienne, cuivre doré.

Long., 75 millim.; haut., 45 millim.

264 — **Chantilly**. Bonbonnière de forme contournée, porcelaine tendre, décor polychrome coréen ; à l'intérieur du couvercle, se trouve un sujet très fin de marine en camaïeu rose. Monture à charnière en argent de l'époque de Louis XV.

Long., 75 millim.

265 — **Chelsea**. Petit flacon, formé d'un amour tendant son arc, porcelaine tendre, décor polychrome de fleurs et feuillages en relief.

Haut., 85 millim.

266 — **Mennecy**. Bonbonnière ovale, formée par une négresse allaitant son enfant, porcelaine tendre, décor polychrome. Le couvercle est décoré de bouquets de fleurs, intérieurement et extérieurement. Monture ancienne en argent doré.

Larg., 8 cent.; haut., 6 cent.

267 — **Mennecy**. Tabatière de forme ovale avec grains d'orge, porcelaine tendre, avec sujet de personnages en camaïeu rose sur le couvercle ; le reste de la pièce est décoré en polychrome de bouquets de fleurs. Monture ancienne en argent.

Long., 7 cent.; haut., 3 cent. 1/2.

268 — **Mennecy**. Boite rectangulaire, cotelée sur les cotés, porcelaine tendre, décorée à l'intérieur et sur les deux faces de trois grands motifs de personnages chinois sur fond bleu ; le pourtour est décoré de branchages de fleurs. Monture ancienne en argent.

Long., 8 cent.; haut., 3 cent. 1/2.

269 — **Mennecy**. Bonbonnière de forme contournée et ornements rocailles blancs en relief, porcelaine tendre, décor polychrome de personnages chinois et de fleurs. Monture ancienne en cuivre doré.

Long., 6 cent. 1/2 ; haut., 4 cent.

270 — **Mennecy**. Petite boite, formée par un abbé accroupi ; le couvercle est décoré de personnages chinois en relief. Porcelaine tendre. Monture ancienne en argent.

Long., 5 cent.; haut., 6 cent.

271 — **Mennecy**. Boite rectangulaire, porcelaine tendre, décor polychrome de trois médaillons lobés de personnages chinois et arbustes sur fond bleu ; le reste de la boite est décoré de bouquets de fleurs. Monture ancienne en argent.

Long., 75 millim. ; haut., 35 millim.

272 — **Mennecy**. Boite oblongue, formée par un chien couché, porcelaine tendre, décor polychrome de Chinois, arbustes et fleurs.

Long., 55 millim.; haut., 45 millim.

273 — **Mennecy**. Petit boite de forme contournée, porlaine tendre, décor polychrome de branchages fleuris.

Long., 55 millim. ; haut., 20 millim.

274 — **Mennecy**. Bonbonnière formée par une femme couchée, porcelaine tendre, décor polychrome : le couvercle est décoré intérieurement et extérieurement de bouquets de fleurs. Monture ancienne, argent doré.

Long., 75 millim.; larg., 55 millim.

275 — **Mennecy**. Petite boite oblongue, formée par une chatte et son petit, porcelaine tendre, décor polychrome ; le couvercle est décoré d'un bouquet de fleurs.

Long., 55 millim. ; larg., 35 millim.

276 — **Mennecy**. Petite boite formée par deux personnages s'enlaçant, porcelaine tendre, décor polychrome. Ancienne monture en argent.

Long., 45 millim. ; haut., 45 millim.

277 — **Mennecy**. Boite oblongue avec grains d'orge en relief, porcelaine tendre, décor polychrome de bouquets de fleurs. Ancienne monture en argent.

Long., 85 millim.

278 — **Mennecy**. Bonbonnière ronde, porcelaine tendre, décor polychrome de personnages chinois, de fleurs et insectes. Monture à charnière en argent.

Diam., 70 millim.

279 — **Mennecy** ou **Sceaux**. Bonbonnière sans couvercle, forme ovale, en ancienne porcelaine tendre, décor polychrome de quatre médaillons avec sujets de jeux d'enfants, entourés d'une couronne de roses.

Au revers se trouvent, dans un médaillon, les lettres G S, enlacées surmontées d'une couronne de roses.

Long., 85 millim. ; haut., 42 millim.

280 — **Sèvres**. Dessus de tabatière rectangulaire, à coins arrondis, porcelaine tendre, décor camaïeu rose, à l'intérieur et à l'extérieur, de deux médaillons sujets pastoraux, sur fond pointillé bleu. Monture ancienne en argent.

Long., 85 millim. ; larg., 67 millim.

281 — **Tournai**. Grande bonbonnière de forme oblongue, porcelaine tendre, décor polychrome et or, composé de sept médaillons, dont quatre au pourtour, un sur le couvercle, un à l'intérieur et un au revers de la boite ; ces médaillons renferment des sujets de marines et de personnages dans de jolis paysages, sur un fond de quadrillés roses et or ; l'intérieur est aussi décoré de quadrillés et imbrications or sur fond rose. La monture, en vermeil, est de style Louis XV.

Très rare et belle pièce.

Long., 10 cent. ; larg., 5 cent. 1/2 ; haut., 5 cent.

ANCIENNES

PORCELAINES TENDRES & DURES

DE DIVERSES FABRIQUES ÉTRANGÈRES

282 — **Buen-Retiro**. Groupe de deux personnages : Castor et Pollux, décor polychrome.

Haut., 16 cent.

283 — **Buen-Retiro**. Groupe de deux personnages : Cérès et Bacchus, porcelaine tendre, décor polychrome et or.

Haut., 16 cent.

284 — **Buen-Retiro** ou **Capo-di-Monte**. Figurine de personnage tenant un manteau rayé vert, porcelaine tendre, décor polychrome.

Haut., 17 cent.

285 — **Buen-Retiro**. Tasse à café et sa soucoupe, décor polychrome et or, de bouquets de fleurs.

286 — **Buen-Retiro**. Statuette de forgeron, décor polychrome.

Haut., 175 millim.

287 — **Buen-Retiro**. Grande statuette de Bouddha assis, les jambes croisées, tenant de la main gauche une boule bleu et or, décor polychrome.

Marquée de la fleur de lys en bleu.

Haut., 25 cent.

288 — **Capo-di-Monte** (?). Groupe de deux enfants sur terrasse, porcelaine tendre, décor polychrome.

Haut., 20 cent.

289 — **Capo-di-Monte**. Petite saucière couverte et son plateau en forme de feuille, porcelaine tendre, décor de paysages et de fleurs.

Longueur du plateau, 17 cent.

290 — **Capo-di-Monte**. Tasse cylindrique à café et sa soucoupe, décor polychrome et or, de monuments antiques et ornements divers.

291 — **Chelsea**. Biche couchée au pied d'un arbuste fleuri, porcelaine tendre décorée au naturel.

Long., 17 cent.; haut., 15 cent.

292 — **Chine**. Potiche, décor polychrome de réserves d'oiseaux, balustrades, arbustes et ornements divers, sur fond rose. Couvercle en bois de Chine.

293 — **Chine**. Deux tasses, forme bol et leurs soucoupes, décor polychrome de la famille rose.

294 — **Derby**. Tasse, forme cul-de-poule et sa soucoupe à côtes tournantes, porcelaine tendre, décor bleu et et or de rinceaux fleuris.

295 — **Frankenthal**. Grande statuette personnifiant le Rhin, décor polychrome, argent et or. Cette belle pièce est de grande allure.

Haut., 29 cent.

296 — **Frankenthal**. Tasse à café et sa soucoupe, décor polychrome de personnages et fleurs.

297 — **Japon**. Grande chocolatière, décor bleu, rouge et or, cercles cuivre doré.

Haut., 24 cent.

298 — **La Haye**. Grand plat creux à bord découpé et côtes tournantes au marli, porcelaine tendre, décor polychrome de bouquets de fleurs.

Diam., 41 cent.

299 — **La Haye**. Assiette à bord découpé : au fond, décor polychrome d'oiseaux ; le marli est orné d'une couronne de fleurs ; au bord, filet or.

Marque à la cigogne.

300 — **Louisbourg**. Deux figurines de danseurs, porcelaine blanche.

Haut., 15 cent.

301 — **Louisbourg**. Petite sucrière ou poivrière forme balustre, porcelaine dure, décor polychrome de bouquets de fleurs.

Haut., 13 cent. 1/2.

302 — **Nymphenbourg**. Cafetière et son couvercle, décor polychrome et [illegible] d'oiseaux et ornements divers.

Haut., 18 cent.

303 — **Saxe**. Assiette à bord découpé, décor polychrome de guirlandes fleuries au marli et grand bouquet de fleurs dans le fond.

304 — **Saxe**. Groupe de jeune femme et de deux amours, décor polychrome.

Haut., 13 cent. 1/2.

305 — **Saxe**. Trois tasses à café et leurs soucoupes, bord à vannerie, décor polychrome de personnages dans le goût de Téniers.

306 — **Saxe**. Tasse à café et sa soucoupe, décor polychrome de personnages dans des paysages.

307 — **Saxe**. Deux petites tasses forme bol et leurs soucoupes, décor polychrome de bouquets de fleurs.

308 — **Saxe**. Petite théière ronde, décor polychrome de personnages flamands dans le goût de Téniers.

309 — **Saxe**. Sucrier rond avec couvercle, décor polychrome de personnages dans le goût de Téniers.

310 — **Tournai**. Assiette à bord lobé, décor polychrome de bouquets de fleurs.

311 — **Tournai**., Assiette à bord découpé et marli à nervures tournantes, décor polychrome de bouquets de fleurs.

312 — **Tournai**. Assiette à bord découpé, le marli à grains d'orge et nervures tournantes, décor polychrome de bouquets de fleurs.

313 — **Tournai**. Assiette à bord découpé, décor polychrome de bouquets de fleurs, avec filet brun au bord.

314 — **Tournai**. Tasse à café et sa soucoupe, décor de paysages en camaïeu rose et or.
Marque en or, à la tour.

315 — **Tournai**. Tasse cylindrique et sa soucoupe, décor polychrome et or d'oiseaux et insectes sur fond gros bleu. Service de Buffon.

316 — **Tournai**. Couteau avec manche en porcelaine, décor polychrome de bouquets de fleurs.

317 — **Tournai**. Deux salières doubles, en forme de panier, décor camaïeu bleu de guirlandes et filets.

318 — **Tournai.** Groupe de deux personnages, jardinier et jardinière tenant des paniers de fleurs, sur terrasse rocaille, porcelaine tendre blanche.

Haut., 17 cent.

319 — **Tournai**. Cache-pot à anses et côtes tournantes, décor camaïeu bleu de branchages fleuris.

Haut., 17 cent. 1/2 ; diam., 17 cent. 1/2.

320 — **Tournai.** Assiette à bord découpé et marli côtes tournantes, décor gros bleu et or de grecques, papillon et petits bouquets de fleurs.

Marque en or à la tour.

321 — **Tournai.** Assiette à bord découpé et marli côtes tournantes, décor gros bleu et or de cinq bouquets de fleurs.

Marque aux épées en or.

322 — **Tournai**. Assiette à bord découpé, décor polychrome et or ; au fond, paysage animé, et, au bord, dents de loup or.

323 — **Tournai**. Assiette à bord découpé, marli à côtes tournantes et vannerie, décor camaïeu rose ; au fond, paysage animé et petits bouquets de fleurs au marli.

Marque aux épées, or.

324 — **Tournai**. Groupe de deux personnages sur terrasse rocaille, porcelaine tendre blanche, représentant l'oiseau envolé.

Haut., 17 cent.

325 — **Tournai**. Groupe de deux personnages musiciens sur terrasse rocaille, porcelaine tendre blanche.

Haut., 16 cent.

326 — **Tournai**. Écuelle lobée à anses doubles, avec son couvercle ayant comme bouton un motif rocaille, porcelaine tendre, décor polychrome de bouquets de fleurs.

Diam., 14 cent.

327 — **Venise**. Tasse forme bol et sa soucoupe, décor en grisaille de marines avec personnages.

328 — **Italie**. Tasse forme bol et sa soucoupe, porcelaine tendre, décor polychrome et or de guirlandes de fleurs et petits quadrillés bleus.

329 — **Worcester**. Tasse à café et sa soucoupe à côtes, porcelaine tendre, décor de bandes rayonnantes bleu et or.

330 — **Worcester**. Corbeille ovale, ajourée, à deux anses, décor camaïeu bleu de fleurs et quadrillés.

Long., 19 cent.

Collection de M. le Comte R. d'YANVILLE

FAIENCES & PORCELAINES ANCIENNES

FRANÇAISES ET ÉTRANGÈRES

Carte d'Entrée à l'Exposition Particulière

HÔTEL DROUOT

M. PAUL CHEVALLIER, M. LÉON BIVORT

M. CAILLOT

www.ingramcontent.com/pod-product-compliance
Ingram Content Group UK Ltd.
Pitfield, Milton Keynes, MK11 3LW, UK
UKHW031930260826
14628UKWH00004B/1523

9 782329 531762